Jan Horak

# Sprachverwendung in Gaming Communities am Beispiel readmore.de

GRIN Verlag

**Bibliografische Information der Deutschen Nationalbibliothek:**

Die Deutsche Bibliothek verzeichnet diese Publikation in der Deutschen National-
bibliografie; detaillierte bibliografische Daten sind im Internet über http://dnb.d-
nb.de/ abrufbar.

**Impressum:**

Copyright © 2010 GRIN Verlag, Open Publishing GmbH
Druck und Bindung: Books on Demand GmbH, Norderstedt Germany
ISBN: 978-3-640-80706-2

**Dieses Buch bei GRIN:**

http://www.grin.com/de/e-book/164908/sprachverwendung-in-gaming-communities-
am-beispiel-readmore-de

Universität Hamburg
Institut für Germanistik I
Modul DSL V1
52-147 Computervermittelte Kommunikation: Forschungsstand und aktuelle Entwicklungen

Wintersemester 09/10

# Sprachverwendung in Gaming Communities
# am Beispiel readmore.de

**Jan Horak**

Fachsemester: 5. Semester B.A.
Medien- und Kommunikationswissenschaft (HF),
Deutsche Sprache und Literatur (NF)

# Inhaltsverzeichnis

# 1.	Einführung

In den inzwischen fast unendlich anmutenden Weiten des World Wide Web lassen sich zu beinahe jedem erdenklichen Thema oder Gesprächsgegenstand Diskussionsforen finden, in denen sich interessierte Internetnutzer austauschen können. Diese virtuellen Gruppen – oder ‚Virtual Communities‘, um den in der linguistischen Forschung gebräuchlicheren Begriff zu verwenden – zeichnen sich häufig durch gruppenspezifische Sprachverwendung aus. Die sich innerhalb der Communities entwickelnden sprachlichen Konventionen vereinfachen die Kommunikation innerhalb der Gruppe, können jedoch bei Außenstehenden Irritationen hervorrufen oder sogar dazu führen, dass die im Rahmen der Diskussionen geäußerten Beiträge ihre Verständlichkeit verlieren.

Ein Bereich, auf den diese Beobachtung in besonders hohem Maße zuzutreffen scheint, ist Gaming. So existieren im Internet zahlreiche Gamingforen, die sich jedoch im seltensten Fall mit Gaming allgemein beschäftigen, sondern vielmehr jeweils nur einen kleinen Ausschnitt aus der Welt der Computerspiele zum Thema haben. Es ist davon auszugehen, dass sich innerhalb der großen Masse an textbasierten Gaming Communities je nach Kommunikationsgegenstand spiel- bzw. genrespezifische Spezialsprachen entwickeln.

Im Rahmen dieser Arbeit soll versucht werden, anhand eines ausgewählten Beispiels die spezifische Sprachverwendung in Gaming Communities aufzuzeigen und linguistisch zu analysieren. Dabei sollen neben den formalen auch inhaltliche Aspekte Berücksichtigung finden – handelt es sich doch beim Thema ‚Gaming‘ um einen hochkomplexen Kommunikationsgegenstand, welcher die Kenntnis und den Gebrauch gaming- bzw. spielspezifischer Ausdrucksweisen geradezu erfordert. So können zahlreiche Aspekte gamingspezifischer Sprachverwendung lediglich auf der Basis eigener Erfahrungen hinreichend analysiert und adäquat eingeordnet werden. Dies ist besonders bei der Auseinandersetzung mit der gamingtypischen Terminologie der Fall. Das Ziel dieser Arbeit soll deshalb auch die Bildung allgemein verständlicher Kategorien für die Klassifizierung gamingspezifischer Fachtermini sein.

Abschließend soll beispielhaft deutlich gemacht werden, welches Verständnis von Gemeinschaft durch die selbstbezogenen Äußerungen der Communitymitglieder zum Ausdruck gebracht wird. Dieser Analyseschritt geht zwar deutlich über die rein linguistische Auseinandersetzung mit der Sprachvarietät ‚Gamingsprache‘ hinaus, ist jedoch hinsichtlich der Nachvollziehbarkeit sprachlicher Integrations- und Abgrenzungsfunktionen innerhalb einer Onlinegemeinschaft durchaus hilfreich.

## 2.    Eingrenzung und Begriffsklärungen

### 2.1    Virtual Communities

Es erscheint zunächst notwendig, sich näher mit dem in der Forschung vielverwendeten Begriff der ‚Virtual Community' zu befassen. Die Begriffe ‚Virtual Community', ‚Virtuelle Gemeinschaft', ‚Online-Gemeinschaft' und ‚Virtuelle Gruppe' werden in diesem Zusammenhang meist synonym verwendet.

In soziologischen Auseinandersetzungen mit diesem Phänomen werden ‚Virtual Communities' primär als soziale Systeme betrachtet und innerhalb dieses Bezugsrahmens den bekannten Konzeptionen von Gemeinschaft gegenübergestellt. So betont beispielsweise Udo Thiedeke vor allem die Pseudonymität, Selbstentgrenzung, Interaktivität, Optionalität und Fluidität virtueller Gemeinschaften als Abgrenzungsmerkmal gegenüber nicht-virtuellen Sozialgefügen.[1]

In der Linguistik existieren zahlreiche Definitionen, die sich in den wesentlichen Punkten gleichen. Nach Nicola Döring und Alexander Schestag handelt es sich um eine ‚Virtuelle Gruppe', *„[w]enn sich Personen regelmäßig in einem bestimmten computervermittelten Forum miteinander austauschen, dabei Zusammengehörigkeit empfinden, gemeinsame Ziele verfolgen, Aufgabenteilung und Rollendifferenzierung vollziehen und sowohl den Zugang als auch das Verhalten innerhalb der Gruppe Regeln unterwerfen."*[2] Oder, wie es Sebastian Deterding ähnlich formuliert: *„Virtual Community bezeichnet die um ein geteiltes Interesse herum organisierte anhaltende Interaktion von Menschen über einen oder mehrere mediale Knoten im Web, aus der ein soziales Netzwerk aus Beziehungen und Identitäten mit einer geteilten Kultur aus Normen, Regeln, Praxen und Wissensvorräten emergiert."*[3] Jannis Androutsopoulos versteht unter dem Begriff ‚Virtual Community' bzw. ‚Online-Gemeinschaft' *„ein selbst definiertes, um ein gemeinsames Interesse oder Ziel organisiertes Netzwerk von Online-Kommunikation, das sich an einem virtuellen Ort konstituiert."*[4]

Es ist zu beobachten, dass das Konzept der virtuellen Gemeinschaft extensiv auf die unterschiedlichsten Formen von Onlinekommunikation angewendet wird und auf diese Weise seine begriffliche Schärfe und somit seine Eignung als Klassifizierungsinstrument mehr und mehr verliert. Oder, wie Susan Herring treffend kritisiert, *„the term has been overextended to the point of becoming meaningless."*[5] Herring unternimmt den Versuch einer

---

[1] Vgl. Thiedeke (2000), S. 25ff.
[2] Döring; Schestag (2000), S. 316.
[3] Deterding (2008), S. 118.
[4] Androutsopoulos (2003), S. 178.
[5] Herring (2004), S. 344.

liguistischen Operationalisierung des Begriffs und definiert ‚Virtual Community' anhand mehrerer empirisch prüfbarer Charakteristika[6]:

> a) active, self-sustaining participation; a core of regular participants
> b) shared history, purpose, culture, norms, and values
> c) solidarity, support, reciprocity
> d) criticism, conflict, means of conflict resolution
> e) self-awareness of group as an entity distinct from other groups
> f) emergence of roles, hierarchy, governance, rituals

Dieser detaillierte Kriterienkatalog ähnelt inhaltlich stark den von Androutsopoulos identifizierten Charakteristika von Online-Gemeinschaften[7]:

> a) es existiert eine kritische Masse von aktiven Teilnehmern
> b) ein ‚minimum level of interactivity' ist gegeben
> c) Gemeinsame Konzepte, Äußerungen und Aktivitäten sind nachweisbar
> d) es sind Schließungstendenzen zu beobachten

Im Rahmen dieser Arbeit soll auf Basis dieser Charakteristika eine linguistische Auseinandersetzung mit einer spezifischen ‚Virtual Community' erfolgen. Dabei soll primär versucht werden, anhand einer Analyse der Sprachverwendung innerhalb der zu untersuchenden Gaming Community die von Androutsopoulos genannten gemeinsamen ‚Konzepte, Äußerungen und Aktivitäten' zu identifizieren und nachzuvollziehen.

## 2.2 Gaming Communities

Setzt man sich mit virtuellen Gaming Communities auseinander, so ist zunächst zwischen zwei Formen von Gemeinschaft zu unterscheiden. Obwohl beide auf computervermittelter Kommunikation basieren, sind sie grundsätzlich verschieden und daher unbedingt voneinander abzugrenzen.

Auf der einen Seite sind zunächst spielinterne Gemeinschaften zu nennen. Die meisten Multiplayerspiele verfügen über integrierte Kommunikationskanäle wie z.B. Textchat, Voicechat oder ein an herkömmliche E-Mail-Clients angelehntes Nachrichtensystem, mit denen die Spieler kommunizieren können. Über diese Kommunikationskanäle wird innerhalb des Spiels ein „je spezifische[r] soziale[r] Raum konstituiert"[8], ähnlich einem Chatroom oder

---

[6] Vgl. Herring (2004), S. 356f.
[7] Vgl. Androutsopoulos (2003), S. 178f.
[8] Thon (2007), S. 46.

3

Instant Messenger im World Wide Web. Diese spielinternen Kommunikationskanäle können von den Spielern jedoch lediglich im Spiel selbst genutzt werden, ein Verlassen des Servers bzw. Spiels kommt in diesem Fall dem Verlassen eines Chatrooms oder Instant Messengers gleich.

Auf der anderen Seite ist zu beobachten, dass im Internet zahlreiche begleitende Kommunikationskanäle zu Computerspielen existieren. Bei diesen handelt es sich meist um Foren, in denen sich Spieler und Interessierte zu einer Gemeinschaft zusammenfinden und sich über diverse, primär das jeweilige Spiel betreffende Inhalte austauschen können.[9] Um solche Foren zu nutzen, sind in der Regel zwar Grundkenntnisse über den Kommunikations-gegenstand – also das Spiel – erforderlich, jedoch nicht dessen Besitz oder sogar die aktive Nutzung, wie es bei spielinternen Gemeinschaften der Fall ist.

Durch die Koexistenz der hier beschriebenen möglichen Formen von „Computerspielgemeinschaften' wird eine eindeutige und trennscharfe Eingrenzung des Forschungsgegenstands unabdingbar. Zwar scheint die Analyse von spielinternen Gemeinschaften durchaus fruchtbar, sie wird jedoch durch die spezifischen Rahmenbedingungen erschwert und ist innerhalb des eng bemessenen Rahmens dieser Arbeit nicht durchführbar. Zunächst ist es bedeutend schwieriger, an Textmaterial aus spielinternen Communities zu gelangen, da dieses in der Regel nicht gespeichert wird. In spielexternen Communities hingegen ist es unabhängig von Zeit und Ort des Zugriffs frei zugänglich. Zudem ist zu beobachten, dass aufgrund der technischen Entwicklung von Computerspielen die Ingamekommunikation inzwischen in den meisten Fällen per Voicechat erfolgt. Dieser ist ungleich schwerer zu analysieren, da die Sprechbeiträge hier ebenfalls nicht aufgezeichnet werden und simultan zur Sprechhandlung transkribiert werden müssten. Wenn im weiteren Verlauf dieser Arbeit von Gaming Communities die Rede ist, sind deshalb ausschließlich textbasierte, spielexterne Gemeinschaften gemeint, die sich an einem virtuellen Ort konstituieren und deren Datenmaterial frei zugänglich ist.

## 2.3    readmore.de

Bei der zu analysierenden Gaming Community fiel die Wahl auf die deutschsprachige eSport-Plattform[10] *readmore.de*. Diese Wahl mag zunächst ungewöhnlich erscheinen, handelt es sich bei *readmore.de* doch um keine reine Community-Plattform, sondern vielmehr um ein auf die eSport-Berichterstattung spezialisiertes Nachrichtenportal mit integrierter Forenfunktion. *Readmore.de* berichtet seit 2005 tagesaktuell über Begegnungen, Spielerwechsel und Veranstaltungen der deutschen und internationalen eSport-Szene. Mitte

---

[9] Vgl. u.a. DawnOfWar.de: Get Your Riot Gear.
[10] Der hier verwendete eSport-Begriff meint das wettbewerbsmäßige, nach festen Regeln erfolgende Spielen von Computerspielen gegen menschliche Gegner in sowohl online als auch im lokalen Netzwerk ausgetragenen Begegnungen.

2007, als das Portal vom Fürther Computec Media Verlag übernommen wurde, erreichte es ca. 1,5 Millionen Visits, ca. 9 Millionen Page Impressions und ca. 120.000 Unique Users pro Monat.[11] 2009 wurden in der Spitze knapp 18 Millionen Visits und gut 150 Millionen Page Impressions pro Monat gemessen.[12]

Interessant für die im Rahmen dieser Arbeit vorgenommene Analyse wird *readmore.de* vor allem durch das integrierte Forum.[13] Das Forum beinhaltet auf der einen Seite diverse Unterforen zu verschiedenen Spielen, die von den Nutzern der jeweiligen Spieletitel für Diskussionen über Spielinhalte oder Taktiken genutzt werden. Ergänzend zu den Spielforen existieren einige Subforen, in denen es ausdrücklich um nicht gamingspezifische Inhalte geht; als Beispiele zu nennen sind hier u.a. die Foren ‚Hard- und Software‘ oder ‚Offtopic‘. Alle Subforen sind für alle Besucher der Seite frei zugänglich, neue Beiträge können jedoch nur von registrierten Nutzern verfasst werden. Insgesamt wurden im Forum von *readmore.de* im Jahr 2009 26.696 Threads mit insgesamt 869.823 Beiträgen erstellt, gut die Hälfte davon im Offtopic-Bereich.[14] Es kann folglich unter Bezugnahme auf Androutsopoulos davon ausgegangen werden, dass sowohl eine kritische Masse von Teilnehmern als auch ein ‚*minimum level of interactivity*‘ vorhanden ist.[15] Ob auch gemeinsame Konzepte, Äußerungen und Äktivitäten sowie Schließungstendenzen nachzuweisen sind, wird zu untersuchen sein.

Es wird im Folgenden davon ausgegangen, dass sich innerhalb der einzelnen Spieleforen von *readmore.de* unterschiedliche Subcommunities bilden, die über eigene Sprachkonventionen verfügen. Im Zuge der Analyse soll untersucht werden, welche gamingspezifischen Ausdrucksweisen im Forum gebräuchlich sind und wie sich die Community sprachlich konstituiert.

---

[11] Vgl. Pressrelations.de: Fürther Medienunternehmen übernimmt eSport-Nachrichtenportal.
[12] Vgl. Readmore.de: readmore 2009 in Zahlen.
[13] Vgl. Readmore.de: Forumübersicht.
[14] Vgl. Readmore.de: readmore 2009 in Zahlen.
[15] Vgl. Kapitel 2.1.

# 3. Dimensionen gamingspezifischer Sprachverwendung

## 3.1 Hintergrund

Diese Forschungsarbeit basiert auf der Grundannahme, dass in virtuellen Gaming Communities die Sprachvarietät ,Gamingsprache' existiert. Eine solche Gamingsprache entsteht nicht im luftleeren Raum, sondern ist vielmehr stark durch die im Internet herrschenden Sprachkonventionen geprägt. Es liegt auf der Hand, dass es sich bei Mitgliedern von virtuellen Gaming-Communities zunächst einmal in jedem Fall um Mitglieder der Gruppe ,Internetnutzer' handelt, die auf deren spezifische sprachliche Zeichensysteme und Konventionen zurückgreifen.

Die Existenz einer eindeutig klassifizier- und definierbaren ,Netzsprache' ist in der linguistischen Forschung umstritten.[16] Dass jedoch internetspezifische Ausdrucksweisen und Konventionen existieren, die besonders bei der textbasierten Kommunikation in Internetforen eine Rolle spielen, ist nicht von der Hand zu weisen. Nach Haase, Huber, Krumeich und Rehm kann die Sprache des Internets in diesem Sinne als *„gruppenspezifische Sondersprache der Internetnutzer"* betrachtet werden, die *„sprachliche Innovationen"* zeigt.[17] Vergleicht man z.B. den in der Internetkommunikation gebräuchlichen Wortschatz mit dem Allgemeinwortschatz, so fällt zunächst auf, dass dieser zahlreiche bisher unbekannte Lexeme beinhaltet, *„die Handlungen oder Sachverhalte benennen, welche in irgendeinem Zusammenhang mit Technologien bzw. Kommunikationsformen des Internets stehen."*[18] Weitere Auffälligkeiten sind u.a. der hohe Anteil an Anglizismen und Lehnwörtern, die häufige Verwendung von Abkürzungen, Abbreviaturen und Ideogrammen sowie die häufig zu beobachtende, sprachökonomisch bedingte durchgehende Kleinschreibung der Textbeiträge.[19]

Da davon ausgegangen werden kann, dass es sich bei den Mitgliedern von Gaming Communities in den meisten Fällen um Jugendliche und junge Erwachsene handelt, spielt vermutlich auch die Sprachvarietät ,Jugendsprache' eine nicht unbedeutende Rolle für das Kommunikationsverhalten innerhalb der Community von *readmore.de*. Relevante Aspekte jugendlicher Sprachverwendung sind vor diesem Hintergrund beispielsweise Ausdrucksverkürzungen durch Kurz- oder Initialwörter auf morphologischer Ebene und *„sprechsyntaktische Merkmale"* wie Ellipsen, Ausklammerungen und parataktische Satzkonstruktionen auf syntaktischer Ebene[20], wobei sich *„Aspekte der medienbedingten*

---

[16] Vgl. u.a. Dürscheid (2004).
[17] Haase; Huber; Krumeich; Rehm (1997), S. 52f.
[18] Stenschke (2006), S. 53.
[19] Vgl. Schlobinski (2006), S. 32f.
[20] Nowottnick (1989), S. 73ff.

*Varitation [...] mit allgemeinen Kennzeichen des mündlichen Sprachgebrauchs Jugendlicher"* vermischen.[21]

Geht man von der Existenz einer durch ihre Sprachverwendung charakterisierbaren Gruppe von ‚Gaming Community'-Nutzern aus, scheint es folgerichtig logisch, Gamingsprache als spezifische Gruppensprache bzw. Soziolekt zu klassifizieren, bei dem *„die Gruppenzugehörigkeit sprachliche Übereinstimmung [schafft].* "[22] Diese Einordnung wird dem Phänomen ‚Gamingsprache' allerdings nur bedingt gerecht, da die Sprachverwendung in Online Communities, die sich um ein bestimmtes Themengebiet bilden, vor allem durch den Kommunikationsgegenstand bestimmt wird; sprachliche Übereinstimmung entsteht hier eher durch die Verwendung gamingspezifischer Termini. Oder, vereinfacht ausgedrückt: Die Mitglieder von Gaming Communities finden sich nicht zusammen, weil sie die gleiche Sprache sprechen – sie sprechen vielmehr die gleiche Sprache, weil sie sich über den gleichen Kommunikationsgegenstand austauschen. Folglich handelt es sich bei Gamingsprache genau genommen um einen Fachjargon im Sinne einer *„Sondersprache sozialer Gruppen als Kunst- oder Zwecksprache"* mit einem Sonderwortschatz *„als Ausdruck einer Sonder- oder Subkultur".*[23]

Wie sich eine solche ‚Subkultur' durch ihre gruppeneigene Sprachverwendung konstituiert und um welche charakteristischen Termini und Ausdrucksweisen es sich dabei im Detail handelt, soll durch die folgende Beispielanalyse deutlich gemacht werden. Im Rahmen dieser Arbeit ist es leider nicht möglich, erschöpfend auf allgemeine jugend- und internetsprachliche Phänomene einzugehen. Durch den durchaus als bedeutend einzuschätzenden Einfluss von Jugend- und Internetsprache auf die Entwicklung einer spezifischen ‚Gamingsprache' sind sie jedoch bei der Analyse nicht außer Acht zu lassen.

## 3.2 Beispielanalyse: „nuke halle rush stoppen?"

Anhand der ersten Seite[24] des am 13.01.2010 im Forum von *readmore.de* gestarteten Threads *„nuke halle rush stoppen?"*[25] soll eine Beispielanalyse gamingtypischer Sprachverwendung in gamingbezogenen Onlineforen erfolgen. Der ausgewählte Thread wurde im COUNTER-STRIKE-Subforum von *readmore.de* erstellt und beinhaltet schon im Titel eine offensichtlich spielspezifische taktikbezogene Frage, weshalb er sich gut für die Analyse eignet. Es sollen anhand des vorliegenden Threads zunächst die inhaltlichen und formalen Auffälligkeiten der Sprachverwendung innerhalb des Beispielthreads herausgearbeitet werden, bevor im Anschluss eine Auseinandersetzung mit der gamingspezifischen

---

[21] Neuland (2008), S. 152.
[22] Lewandowski (1990), S. 979.
[23] Ebd., S. 502.
[24] Diese umfasst 25 Textbeiträge, vgl. Readmore.de: *„nuke halle rush stoppen?".*
[25] Vgl. Readmore.de: *„nuke halle rush stoppen?".*

Terminologie erfolgt. Abschließend sollen zudem einige über die rein linguistische Analyse hinausgehende Auffälligkeiten aufgezeigt werden.

### 3.2.1 Inhaltliche Merkmale

Der Thread beginnt mit der vom Threadersteller ‚benji789' gestellten Frage, wie man *„am besten einen guten halle rush"* stoppen könne. ‚benji789' scheint sie an ein Publikum zu richten, von dem er annimmt, es sei mit dem Bezugsrahmen der Frage gut vertraut und könne ihm aus diesem Grund weiterhelfen.

In der Folge werden teils sehr kurze, teils ausführlichere Antworten gegeben. Es fällt auf, dass die Frage von vielen Usern anscheinend nicht wirklich ernst genommen wird und deshalb nur knapp und somit wenig hilfreich beantwortet wird. Schon im zweiten Beitrag drückt ‚fieser boy' mit der Gegenfrage *„gegenflashen?"* aus, dass er das Problem von ‚benji789' anscheinend nicht nachvollziehen kann. Der Verfasser von Beitrag #5 scheint der gleichen Meinung zu sein, erläutert dies jedoch im Gegensatz zu ‚fieser boy' ausführlicher. ‚benji789' reagiert relativ ungehalten auf seiner Meinung nach nutzlose Posts wie *„gegenflashen?"* (Beitrag #2) oder *„+ umschießen"* (Beitrag #7). So schreibt er in Beitrag #8 voller Ironie: *„wow tolle tipps!! ‚die gegner töten' oder ‚die runde gewinnen' hätte mir auch gereicht!!!!111"*. Für seiner Meinung nach hilfreiche Posts bedankt er sich jedoch knapp, aber höflich (Beitrag #6) – dies lässt darauf schließen, dass ihm wirklich an der Klärung seiner Frage gelegen ist. ‚fieser boy' zeigt schließlich Einsehen und erläutert seine Kurzantwort aus Beitrag #2 in Beitrag #11 (*„Dann halt nochmal ausführlich: [...]"*), weitere längere Antworten anderer User folgen. ‚benji789' äußert nun Zweifel an den gegebenen Tipps und zieht damit den Zorn der Helfenden auf sich. Zwar werden weiterhin einige ernstgemeinte Tipps gegeben, es mehren sich jedoch die Stimmen, die die Aussagen von ‚benji789' aufgreifen und mit Hinweis auf seine Unkenntnis widerlegen (so u.a. in Beitrag #17).

Bezüglich des Diskussionsverlaufs fällt insgesamt auf, mit welcher Selbstverständlichkeit über komplexe Spielinhalte diskutiert wird, ohne dass diese im Einzelnen erläutert werden. So wird die knappe Frage von ‚benji789' auch ohne ausführliche Erklärung sofort verstanden, und auch der Hilfesuchende selbst scheint über spielspezifisches Fachwissen zu verfügen, kann er doch die gegebenen Antworten scheinbar ohne Probleme hinsichtlich ihrer Nützlichkeit einordnen.

### 3.2.2 Formale Merkmale

Bereits im ersten Beitrag fällt die hohe Zahl verwendeter Anglizismen ins Auge. Bei *„rush"*, *„main"* und *„cat"* handelt es sich dabei um direkte Entlehnungen, bei *„geflasht"* wird das Lehnwort ‚flash' durch Präfix und passende Endung als Verb in die deutsche Grammatik integriert. Weitere Beispiele für Direktentlehnungen sind u.a. *„retake"* (Beitrag #5), *„damage"*

8

(Beitrag #12) und „*drop*" (Beitrag #15); als Beispiele für grammatikalisch integrierte Entlehnungen können u.a. „*gegenflashen*" (Beitrag #2) und „*retaken*" (Beitrag #9) genannt werden. Der hohe Anglizismenanteil zieht sich durchgehend durch alle Beiträge; es existiert kein einziger, der keine Entlehnungen enthält.

Eine weitere Auffälligkeit ist die häufige Verwendung von Kurzformen. Diese können einzelne Wörter betreffen; beispielsweise bei der Formulierung „*mit ner flash*" (Beitrag #3) statt ‚mit einer flash', beim Ersetzen der Konjunktion ‚und' durch „+" (Beitrag #21), durch die Verwendung des Akronyms „*cs*" (Beitrag #17) als Kurzschreibweise des Spieltitels COUNTER-STRIKE oder der Schreibweise „*2x*" für ‚zwei Mal' (Beitrag #11). Auch auf syntaktischer Ebene existieren zahlreiche sprachökonomisch bedingte Abkürzungen. Viele Beiträge sind stark elliptisch, wie z.B. Beitrag #4: „*flash pommes, flash zwischen pommes und kiste vor tür*". Der Verfasser von Beitrag #2 stellt mit „*gegenflashen?*" eine Frage, die nur aus einem einzigen Wort besteht, und in Beitrag #15 werden Handlungsabfolgen anstatt mit „*dann... dann*" vereinfachend mit „->" formuliert. Diese minimalistischen Ausdrucksweisen sind anscheinend dadurch bedingt, dass die User versuchen, möglichst schnell auf die eingangs gestellte Frage zu antworten – so wurden innerhalb der ersten fünf Minuten nach dem ersten Post bereits vier Antworten hinzugefügt.

Bezüglich der Typografie lässt sich zunächst feststellen, dass die User kaum Wert auf Groß- und Kleinschreibung zu legen scheinen; lediglich in den Beiträgen #5, #11 und #12 beginnen die jeweiligen Poster ihre Sätze korrekt mit Großbuchstaben. Zudem ist eine Tendenz zur Auslassung von Kommata, Punkten und anderen Satzzeichen erkennbar. Allerdings ist ebenfalls zu beobachten, dass einige Beiträge mit einer Aneinanderreihung von Ausrufezeichen beendet werden, vermutlich um den Aussagen mehr Gewicht zu verleihen – oder, wie in Beitrag #8, Unmut über den Diskussionsverlauf zum Ausdruck zu bringen. Die oft für textbasierte Internetkommunikation als typisch gesehene Verwendung von Emoticons bzw. Ideogrammen lässt sich lediglich in den Beiträgen #3, #9 und #10 beobachten. Weiterhin interessant: Der Verfasser von Beitrag #12 benutzt statt der Umlaute ‚ö' und ‚ü' die Schreibweisen „*oe*" und „*ue*". Dies lässt darauf schließen, dass er sich möglicherweise im Ausland befindet und über keine deutsche Tastatur verfügt.

### 3.2.3 Terminologie

Das vorliegende Material beinhaltet zahlreiche Begriffe und Ausdrucksweisen, die innerhalb der Community zwar gebräuchlich zu sein scheinen, deren Bedeutung sich Außenstehenden jedoch zum Teil komplett entzieht. Hinsichtlich ihrer Herkunft lassen sich diese Fachtermini in vier Gruppen gliedern.

Als erstes sind die offensichtlich spielspezifischen Begriffe zu nennen. Damit gemeint sind Bezeichnungen von Orten, Objekten, Figuren oder Tätigkeiten, die eindeutig einer spezifischen Spielwelt - in diesem Fall dem First Person Shooter COUNTER-STRIKE – oder entsprechenden Begleitmedien wie zum Beispiel Handbüchern entstammen. Beispiele sind die Benennung bestimmter Abschnitte der virtuellen Spielumgebung als „halle" und „main [entrance]" (u.a. Beitrag #1) oder das von ‚wallbang' – also dem Schießen durch Wände – entlehnte Verb „bangen" (u.a. Beitrag #4).

Desweiteren existieren Begriffe, die zwar auch spielbezogen sind, jedoch nicht der Spielwelt entstammen. Dies können entweder Wortneuschöpfungen oder Bedeutungsübertragungen bereits existierender Begriffe sein, die zur Bezeichnung von Orten, Objekten, Figuren oder Tätigkeiten innerhalb der Spielwelt benutzt werden, welche nicht bereits durch spielspezifische Begriffe benannt sind. Als prägnantes Beispiel kann hier der im Threadverlauf sehr häufig benutzte Begriff „Pommes" (vgl. u.a. Beitrag #11) genannt werden: Er bezeichnet einen den Usern anscheinend sehr vertrauten Gebäudeteil innerhalb der virtuellen Spielumgebung, der durch seine äußere Erscheinungsform an eine Imbissbude erinnert. Ein weiteres Beispiel ist der in Beitrag #15 mehrmals verwendete Ausdruck „tixo". Dabei handelt es sich um die Bezeichnung einer bestimmten Spielweise, die für den in der Community sehr gekannten Spieler ‚Tixo'[26] als typisch gilt und hier als nachahmenswert empfohlen wird.

Einige Ausdrucksformen sind nicht ausschließlich an das konkret diskutierte Spiel gebunden, sondern können als Teil eines übergeordneten Genrejargons gesehen werden. Es handelt sich um Bezeichnungen von Orten, Objekten, Figuren oder Tätigkeiten, die in einem (oder mehreren) bestimmten Spielgenre(-s) verwendet werden und innerhalb dieses Genres unabhängig von Spiel bzw. Community die gleiche Bedeutung haben. Beispielsweise stehen „umschießen" (Beitrag #5) und „umballern" (Beitrag #18) hier wie auch in anderen First Person Shootern sinnbildlich für das Ausschalten gegnerischer Spielfiguren, der Begriff „Spawn" (Beitrag #12) bezeichnet innerhalb des Genres den Startpunkt der Spielfigur bei Spielstart.

Die dem ‚allgemeinen Gamingjargon' zuzurechnenden Termini umfassen Bezeichnungen und Ausdrucksweisen, die sowohl spiel- als auch genreübergreifend die gleiche Bedeutung haben. So ist u.a. der Bereits im ersten Beitrag genannte und im weiteren Threadverlauf sehr häufig wieder aufgegriffene Begriff „rush" dieser Kategorie zuzurechnen, da er sowohl in First Person Shootern wie COUNTER-STRIKE als auch in Echtzeitstrategiespielen eine schnelle Attacke auf den Gegner beschreibt.

---

[26] Vgl. Readmore.de: *Tixo konzentriert.*

## 3.2.4 Sonstige Auffälligkeiten

Auf der ersten Seite des Threads befinden sich insgesamt 25 Beiträge von 18 verschiedenen Usern. Schenkt man den freiwilligen Altersangaben in den Userprofilen Glauben, liegt der Altersdurchschnitt bei knapp 21 Jahren, wobei der jüngste Poster 16 und der älteste 32 Jahre alt ist. Die große Mehrheit der Nutzer scheint männlich zu sein, zumindest lassen Nicknamen wie ‚der KAISER‘, ‚fieser boy‘ oder ‚MEGAMAN‘ dies vermuten.

Folgt man dem Diskussionsverlauf, so wird – zumindest in Ansätzen – eine Nutzerhierarchie erkennbar. In Beitrag #13 äußert der Nutzer ‚benji789‘ die Behauptung *„man kann MAIN nicht gegenflashen!!"*. Diese Aussage wird im weiteren Threadverlauf von mehreren Usern teilweise scharf kritisiert. So entgegnet ‚TR1EBTAETER‘ in Beitrag #17: *„natürlich kann man main gegenflashen aber dazu sollte man mehr als zwei monate cs spielen"*. Mit dieser Äußerung bringt ‚TR1EBTAETER‘ unmissverständlich zum Ausdruck, dass er ‚benji789‘ aufgrund seiner angeblich geringen Erfahrung mit dem Spiel COUNTER-STRIKE jegliche Sachkompetenz abspricht. ‚Shay Laren‘ greift ‚benji789‘ in Beitrag #19 sogar frontal an und bemerkt *„krass was du für einen müll laberst benji"*. Interessant ist hier, dass sowohl ‚TR1EBTAETER‘ als auch ‚Shay Laren‘ mit 3194 bzw. 613 Beiträgen im Vergleich zu ‚benji789‘ eine sehr hohe Anzahl an insgesamt bereits geposteten Beiträgen haben und sich somit auch aufgrund ihrer Aktivität innerhalb der Community für vernichtende Kritik qualifiziert zu haben scheinen.

Der im Vorfeld vermutete Einfluss jugendsprachlicher Sprech- bzw. Schreibweisen ließe sich zwar anhand eines geeigneten Korpus detailliert überprüfen, dies ist im Rahmen dieser Analyse allerdings nicht möglich. Eine Tendenz zu jugendsprachtypischer Sprachverwendung ist dennoch erkennbar, wie u.a. die in Beitrag #19 auftauchenden Formulierungen *„krass"* und *„Müll labern"* zeigen.

Zur Überprüfung der eingangs gestellten Vermutung, es entstünden innerhalb der spielbezogenen Subforen einzelne Subcommunities, erweist sich ein Vergleich der im analysierten Thread aktiv mitwirkenden Nutzer mit denen aus einem ähnlichen Thread des WARCRAFT-3-Subforums als hilfreich. Im dem am 03.01.2010 gestarteten Thread *„Sofort Towerrush mit Human gegen nachtelf"*[27] geht es ebenfalls um die Abwehr einer Angriffstaktik, diesmal bezogen auf das Echtzeitstrategiespiel WARCRAFT 3. Es fällt auf, dass kein einziger der Poster aus dem COUNTER-STRIKE-Thread auch im WARCRAFT-3-Thread aktiv ist. Dies mag angesichts der hohen Gesamtzahl täglich eröffneter Threads Zufall sein – es könnte jedoch auch einen Hinweis darauf liefern, dass hier tatsächlich mindestens zwei verschiedene Subcommunities existieren, die sich nicht zuletzt durch ihre Sprachverwendung voneinander abgrenzen lassen.

---

[27] Vgl. Readmore.de: *„Sofort Towerrush mit Human gegen nachtelf"*.

### 3.2.5 Zwischenfazit

Es ist deutlich geworden, dass die Sprachverwendung im analysierten Beispielthread klare gamingtypische Charakteristika aufweist. Zwar sind auch allgemeine internetsprachliche Einflüsse wie beispielsweise ein hoher Anglizismenanteil oder sprachökonomisch bedingte Verkürzungstendenzen erkennbar, es lassen sich jedoch sowohl auf formaler als auch auf terminologischer Ebene deutliche Kennzeichen einer gamingspezifischen Sprachvarietät nachweisen. Besonders hervorzuheben ist die Selbstverständlichkeit, mit der verschiedenste Fachbegriffe genutzt werden, ohne dass es zu Verständnisproblemen kommt. Unter Rückbezug auf Androutsopoulos konnten gemeinsame ‚Konzepte, Äußerungen und Aktivitäten' deutlich herausgearbeitet werden.

## 3.3    Sprache als konstituierendes Merkmal von Gemeinschaft

Gemeinschaft kann als *„ein soziales Sinnsystem der Kommunikation verstanden werden"*, das sich durch *„seine Unterscheidung von der Umwelt" konstituiert."*[28] Bei Gaming Communities wie *readmore.de* handelt es sich um virtuelle Gemeinschaften, die sich durch communityspezifische Sprachverwendung charakterisieren und eingrenzen lassen – dies ist im Zuge der Beispielanalyse deutlich geworden. Allein die gewonnenen Erkenntnisse bezüglich sprachlicher Charakteristika erlauben jedoch noch keine Aussagen darüber, inwieweit sich die Mitglieder der Community selbst als solche begreifen. Es ist durchaus denkbar, dass es sich bei Gaming Communities im Allgemeinen und bei *readmore.de* im Speziellen um rein zweckgebundene Gebilde handelt, die sich zwar anhand der in Kapitel 2.1 dargelegten Kriterien als ‚Virtual Communities' definieren lassen, deren tatsächlicher Gemeinschaftssinn jedoch als gering einzustufen ist.

Bezüglich *readmore.de* lässt sich aufzeigen, dass sich die Community durchaus als Gemeinschaft sieht – und zwar spiel- bzw. subcommunityübergreifend. Dies wird anhand des am 05.04.2009 im Offtopic-Forum erstellten Threads *„rm-help needed!"* deutlich.[29] Der User ‚De3r' wendet sich hier mit der Bitte um Hilfe an die anderen Forennutzer, da ihm eine Bekannte Geld schulde, jedoch nicht auf seine Nachfragen reagiere. Dabei macht er bereits im Threadtitel *„rm-help needed!"* deutlich, dass er seine Anfrage anscheinend an die Gesamtheit der *readmore.de*-Nutzer richtet.[30] Im Folgenden werden zunächst einige kurze Tipps sowie schadenfrohe Beiträge abgegeben, bevor ‚De3r' in Beitrag #19 einen ICQ-Chatlog mit besagter Bekannten postet. Zahlreiche User reagieren mit Unverständnis und Wut auf das von ‚De3r' geschilderte Verhalten der Bekannten und fordern die Herausgabe

---

[28] Thiedeke (2008), S. 49.
[29] Vgl. Readmore.de: *„rm-help needed!"*. Die Analyse erfolgt anhand der ersten drei Seiten des Threads.
[30] Bei *„rm"* handelt es offensichtlich um eine innerhalb der Community gängige Kurzschreibweise für *„readmore"*.

der Kontaktdaten (vgl. u.a. die Beiträge #24 und #26), um den Threadersteller zu unterstützen.

Interessant ist dabei, wie die Nutzer sich selbst und ihre Rolle innerhalb der Community einschätzen. Der User ‚Crumar' pflichtet in Beitrag #29 den Forderungen nach Kontaktdaten bei und lässt durch die Aussage *„würde auch sagen die rm-armee spamt sie zu"* klar erkennen, dass er ein gemeinschaftliches Vorgehen der Community gegen die Schuldnerin begrüßen würde. Es folgen zahlreiche Beiträge mit dem gleichen Tenor, in denen die Community u.a. als *„Rm INKA$$O Unternehmen"* (Beitrag #32) oder *„readmore-armee-fraktion"* (Beitrag #33) bezeichnet wird. In Beitrag #40 spricht ‚pas' stellvertretend für alle User und kündigt an: *„gib icqnummer studivz acc und handy nummer und die rm elite ist hinter dir!"*. Die User scheinen sich selbst als ‚edle Rächer' zu betrachten, die bereit sind gemeinsam loszuschlagen, sobald einem Mitglied der Gemeinschaft Unrecht widerfährt.

Der hilfesuchende ‚De3r' möchte die Kontaktdaten zunächst nicht herausgeben, bedankt sich jedoch trotzdem bei der Community für die Anteilnahme (Beitrag #64): *„trotzdem vielen dank an euch :D mit der rm-armee im rücken macht das schulden eintreiben gleich doppelt so viel spass :p"*. Nach weiterem Drängen der anderen User veröffentlicht er schließlich doch den Link zum Profil der Schuldnerin beim Social Network StudiVZ. Die Folge: Zahlreiche Mitglieder der *readmore.de*-Community hinterlassen innerhalb weniger Minuten mehrere Dutzend Einträge auf ihrer StudiVZ-Profilseite und fordern die Rückzahlung der Schulden an ‚De3r'.Im Thread auf *readmore.de* wird dieses Vorgehen ausdrücklich gutgeheißen (vgl. u.a. Beitrag #70).

Exzessives Spamming auf der Profilseite eines Social Networks kann durchaus als eine Form von Cybermobbing gesehen werden. Berauscht von dem Gefühl, gemeinsam für eine scheinbar gute Sache eingetreten zu sein, sind die User jedoch anscheinend nicht in der Lage, die zweifelhaften Methoden ihres ‚Inkassounternehmens' zu reflektieren. Dies manifestiert sich deutlich in der undifferenzierten und überhöhenden Selbstsicht als *„rm elite"* oder *„Readmore Polizei"*. Es lassen sich also anhand der Äußerungen der User nicht nur die von Androutsopoulos als charakteristisch für Virtual Communities genannten ‚Schließungstendenzen' und die Existenz einer sozial handelnden Gemeinschaft nachweisen, sondern auch eine durch eben jenes Gemeinschaftsgefühl bedingte, höchst bedenklich anmutende Gruppendynamik.

# 4.    Fazit

Für die Foren von *readmore.de*, welche als Beispiel einer Virtual Gaming Community die Basis der im Rahmen dieser Arbeit vorgenommenen Analyse dienten, konnte eindeutig gamingspezifische Sprachcharakteristika nachgewiesen werden. Es scheint durchaus legitim, Gamingsprache als einen eigenen, durch verschiedenste Einflüsse geprägten Fachjargon zu bezeichnen.

Der hohe Anglizismenanteil und die Verwendung von Kurzschreibweisen gelten als typisch für textbasierte Internetkommunikation und sind damit kein alleiniges Merkmal der Sprachvarietät ‚Gamingsprache', ihr Einfluss ist jedoch nicht von der Hand zu weisen. Die Verwendung jugendsprachlicher Ausdrucksformen ist auf die Altersstruktur der Gaming Communities zurückzuführen und scheint ebenfalls eine wichtige Rolle zu spielen, auch wenn dies nicht im Detail nachgewiesen werden konnte. Besonders bemerkenswert scheint die vielfältige Herkunft der verwendeten Fachbegriffe. Die hohe Anzahl an spielspezifischen Begriffen, Neologismen und Lehnwörtern sowie genre- und gamingtypischen Ausdrucksweisen führt dazu, dass außenstehende, nicht den Jargon beherrschende Personen schwer nachvollziehen können, worum es in Gaming Communities inhaltlich geht. Dies gilt in besonderem Maße, da sich diese Begriffe nicht nur auf Objekt- und Tätigkeitsbezeichnungen beschränken, sondern teilweise als Verbformen grammatikalisch integriert werden.

Wie die Analyse gezeigt hat, konstituiert sich die Gemeinschaft der Virtual Gaming Community *readmore.de* nicht nur durch die gemeinsame Verwendung eines Gamingjargons. Sie wird auch wesentlich bestimmt durch das Gemeinschafts-verständnis der einzelnen User, welches in den Diskussionen über gemeinsame Aktionen seinen sprachlichen Ausdruck findet. Es bleibt jedoch unklar, ob es sich dabei um eine allgemeingültige Eigenschaft von Gaming Communities oder ein alleiniges Charakteristikum von *readmore.de* handelt.

Aufgrund des eng bemessenen Rahmens dieser Arbeit konnte lediglich eine exemplarische Untersuchung einer ausgewählten Virtual Gaming Community erfolgen, folglich wird auch kein Anspruch auf die absolute Übertragbarkeit der Ergebnisse erhoben. Hier ergeben sich Anknüpfungspunkte für weitere Forschungen. Neben einer Überprüfung der herausgearbeiteten gamingsprachlichen Charakteristika durch Untersuchungen weiterer Gaming Communities wäre auch ein detaillierter Vergleich der Sprachvarietät ‚Gamingsprache' mit anderen Fachjargons denkbar.

# 5. Anhang

## 5.1 Quellenverzeichnis

### Primärquellen

Readmore.de: *„nuke halle rush stoppen?"*
*http://www.readmore.de/index.php?cont=forum/thread&threadid=50587*
[Erfasst am: 13.03.2010, 10:57]

Readmore.de: *„rm-help needed!"*
*http://www.readmore.de/index.php?cont=forum/thread&threadid=24890*
[Erfasst am: 13.03.2010, 11:02]

### Literatur

**Androutsopoulos, Jannis K. (2003):**
> Online-Gemeinschaften und Sprachvariation. Soziolinguistische Perspektiven auf Sprache im Internet. In: Zeitschrift für germanistische Linguistik 31(2), 173-197.

**Deterding, Sebastian (2008):**
> Virtual Communities. In: Hitzler, Ronald; Honer, Anne; Pfadenhauer, Michaela (Hrsg.): Posttraditionale Gemeinschaften. Theoretische und ethnografische Erkundungen. Wiesbaden: VS Verlag für Sozialwissenschaften, S. 115-131.

**Döring, Nicola; Schestag, Alexander (2000):**
> Soziale Normen in virtuellen Gruppen. Eine empirische Analyse ausgewählter Chat-Channels. In: Thiedeke, Udo (Hrsg.): Virtuelle Gruppen. Charakteristika und Problemdimensionen. Wiesbaden: Westdeutscher Verlag, S. 313-354.

**Dürscheid, Christa (2004):**
> Netzsprache – ein neuer Mythos. In: Hoffmann, Ludger; v. Beißwenger, Michael (Hrsg.): Internetbasierte Kommunikation. Osnabrück: Osnabrücker Beiträge zur Sprachtheorie Nr. 68, S. 141-157.

**Haase, Martin; Huber, Michael; Krumeich, Alexander; Rehm, Georg (1997):**
> Internetkommunikation und Sprachwandel. In: Weingarten, Rüdiger (Hrsg.): Sprachwandel durch Computer. Opladen: Westdeutscher Verlag, S. 51-85.

**Herring, Susan (2004):**

Computer-Mediated Discourse Analysis. An Approach to Researching Online Behavior. In: Barab, Sasha; Gray, James; Kling, Rob (Hrsg.): Designing for Virtual Communities in the Service of Learning. New York: Cambridge University Press, S. 338-376.

**Lewandowski, Theodor (1990):**

Linguistisches Wörterbuch. 5., überarbeitete Auflage. Heidelberg/Wiesbaden: Quelle & Meyer.

**Schlobinski, Peter (2006):**

Die Bedeutung digitalisierter Kommunikation für Sprach- und Kommunikations-gemeinschaften. In: Schlobinski, Peter (Hrsg.): Von *hdl* bis *cul8r*. Sprache und Kommunikation in den Neuen Medien. Wiesbaden: Gesellschaft für deutsche Sprache, S. 26-37.

**Stenschke, Oliver (2006):**

Internetfachsprache und Allgemeinwortschatz. In: Schlobinski, Peter (Hrsg.): Von *hdl* bis *cul8r*. Sprache und Kommunikation in den Neuen Medien. Wiesbaden: Gesellschaft für deutsche Sprache, S. 52-70.

**Thiedeke, Udo (2000):**

Virtuelle Gruppen: Begriff und Charakteristik. In: Thiedeke, Udo (Hrsg.): Virtuelle Gruppen. Charakteristika und Problemdimensionen. Wiesbaden: Westdeutscher Verlag, S. 23-73.

**Thiedeke, Udo (2008):**

Die Gemeinschaft der Eigensinnigen. Interaktionsmediale Kommunikationsbedingungen und virtuelle Gemeinschaften. In: Marotzki, Winfried; Sander, Uwe; v. Gross, Friederike (Hrsg.): Internet – Bildung – Gemeinschaft. Wiesbaden: VS Verlag für Sozialwissenschaften, S. 45-74.

**Thon, Jan-Noël (2007):**

Unendliche Weiten? Schauplätze, fiktionale Welten und soziale Räume heutiger Computerspiele. In: Bartels, Klaus; Thon, Jan-Noël (Hrsg.): Computer/Spiel/Räume. Materialien zur Einführung in die Computer Game Studies. Hamburg: Universität Hamburg, S. 29-60.

**Internetquellen**

DawnOfWar.de: Get Your Riot Gear.
*http://dow.4players.de/forum/index.html*
[Letzter Zugriff: 19.03.2010, 12:28]


Pressrelations.de: Fürther Medienunternehmen übernimmt eSport-Nachrichtenportal.
*http://www.pressrelations.de/new/standard/result_main.cfm?pfach=1&n_firmanr_=665&sektor=pm&de*
*tail=1&r=281945&sid=&aktion=jour_pm&quelle=0&profisuche=1*
[Letzter Zugriff: 19.03.2010, 12:28]


Readmore.de: Forumübersicht.
*http://www.readmore.de/index.php?cont=forum/forum*
[Letzter Zugriff: 19.03.2010, 12:29]


Readmore.de: readmore 2009 in Zahlen.
*http://www.readmore.de/index.php?cont=news&id=6409*
[Letzter Zugriff: 19.03.2010, 12:31]


Readmore.de: Tixo konzentriert.
*http://www.readmore.de/index.php?cont=gallery_images&id=13746*
[Letzter Zugriff: 19.03.2010, 12:34]


Readmore.de: „Sofort Towerrush mit Human gegen nachtelf"
*http://www.readmore.de/index.php?cont=forum/thread&threadid=49555*
[Letzter Zugriff: 19.03.2010, 12:34]